Художники
О. ВАСИЛЬЕВА
Б. ПУШКАРЕВ

Юрий Любимов

МУДРЁНАЯ МОЗАИКА

ОЛМА
МЕДИА ГРУПП

Москва · 2013

СОДЕРЖАНИE

МУДРЁНАЯ МОЗАИКА

Я мозаику свою
Вновь собрать пытаюсь,
Не выходит ничего,
Как я ни стараюсь.
Вот уже который день
Мучаюсь я с нею,
Трачу много сил своих,
Устаю, краснею.

На картинке – просто всё,
Ясно и понятно,
Незатейливо, легко
И весьма занятно.
Что в картинке за секрет?
Что она скрывает?
Папа почему её
Пазлом называет?

Не могу состыковать
Я никак кусочки –
Вместо белых облаков
Собираю кочки.
Что-то явно здесь не так
В этом пазле странном,
Даже если часть его
Где-то под диваном.

Может, мастер впопыхах,
Слишком суетливо,
Раскроил его не так
Иль разрезал криво?
– Видно, в этом дело всё, –
Согласились братья.
Вот поэтому его
Не могу собрать я!

ЖИРАФЬЯ ШЕЯ

Я хотела вафлю взять из шкафа,
Не могла никак её достать,
Если б шею мне, как у жирафа,
Было б проще в доме проживать.

Можно б было, не сходя с дивана,
Запросто на кухню заглянуть,
По пути попить воды из крана
И варенье в блюдечке лизнуть.

14

Вечерами, лёжа на кровати,
Голову высовывать в окно
И смотреть, как увлечённо дяди
Во дворе играют в домино.

С длинной шеей было бы так просто
Мне с балкона абрикосы рвать
И со своего большого роста
Без проблем всё в доме доставать.

Можно б было без стола и стула
Люстру доставать на потолке,
Вынимать игрушки из баула,
Хоть он и запрятан вдалеке.

Телевизор, что стоит в гостиной,
Прям из спальни вечером смотреть.
Множество удобств у шеи длинной,
С высоты всё можно разглядеть.

Надо б повытягивать мне шею,
Говорят, тогда растешь быстрей,
Если станет шея подлиннее,
Будет жить ещё удобней с ней.

18

МЕТЁЛКА

Мама мне про бабку Ёжку
Сказку как-то прочитала,
В ней она не понарошку
На метле своей летала.

Мне понравилась идея –
Рядом с птицами парить –
И решила поскорее
Я её осуществить.

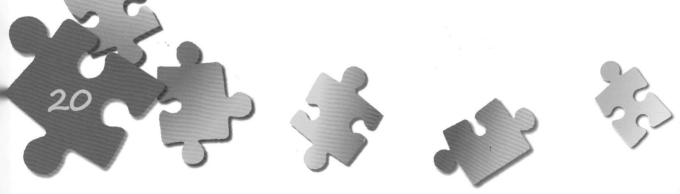

Попросила я метёлку
Нашу ненадолго взять,
С ней вскарабкалась на ёлку
И хотела полетать.

Но метёлка совершенно
Нелетучая была,
Устремилась вниз мгновенно
И меня с собой взяла.

Если б подсказал мне кто-то:
– Ты соломки подстели.
Наш крутой маршрут полёта
Оборвался у земли.

БАРАБАН

Я учусь на барабане,
Как мой старший брат, играть,
Даже кот настырный Васька
Мне не может помешать.

Чтобы чётко дробь звучала
И звенела ясно медь,
Попросил я папу с мамой
Постараться не шуметь.

Музыканты ведь играют
В абсолютной тишине,
А в начале обученья
Это важно им вдвойне.

Тишины не получилось,
Как о ней я ни мечтал –
Только начал барабанить,
Кто-то в стенку застучал.

Видно, барабан соседу
Снится только лишь во сне,
И приходится учиться,
Барабаня по стене.

ЗАГНАННАЯ ПТИЦА

Я на дереве повисла
В нашем парке над рекой,
Изогнулась коромыслом
Ветка клёна надо мной.

Вижу, далеко-далёко,
Где-то там внизу, – земля,
Стало как-то одиноко
Мне висеть на склоне дня.

28

Руки разжимать опасно –
Слишком далеко лететь,
Но тогда совсем не ясно –
Сколько здесь ещё висеть.

Попыталась я, не скрою,
Что-то громко закричать,
Но тут ветка надо мною
Стала жалобно трещать.

Я совсем не испугалась,
Только может быть слегка,
Ну а ветка всё качалась,
Мимо плыли облака.

Я, как загнанная птица,
С веткой той почти срослась –
Можно сильно расшибиться,
Если сверху вниз упасть.

Я не представляла, право,
Что такой смешной пустяк,
Эта милая забава,
Может кончиться вот так.

Сколько б я ещё без дела,
Продолжая помощь ждать,
Там, на дереве, висела,
Не могу теперь сказать.

Хорошо, что папа рядом
С этим деревом стоял,
Он всё понял с полувзгляда
И меня с той ветки снял.

РЫБАК

На закате я пойду
Рыбку половлю в пруду.
Я сегодня для рыбалки
Сделал удочку из палки.
Ниток отыскал обрезки,
Привязал их вместо лески.
Сделал из гвоздя крючок,
А из перьев – поплавок.

Вместо утренней зарядки
Накопал червя на грядке.
Хлеба взял и кукурузы,
Просмолил свои рейтузы.
Сплёл из прутиков подсак,
Как учил отец-рыбак.
В общем, сам, не из-под палки,
Подготовился к рыбалке.
Если повезёт немножко,
Будет к ужину рыбёшка!

ДАЛЬНИЙ ПОХОД

Мы отправились в поход
С братом и Каштанкой,
Обогнули огород,
Клумбу с поливалкой,
Мимо парника прошли,
Горку миновали,
До забора добрели
И совсем устали.

Не осталось сил уже
На поход до цели,
И на дальнем рубеже
Дружно мы присели.
А вчера ведь на Пахру
Мы сходить мечтали,
Для того-то поутру
Очень рано встали.

Хорошо, что дырка есть
Круглая в заборе,
У неё решили сесть
Мы на косогоре.
В травке так тепло сидеть
Летом, как на печке,
Если ж в дырку посмотреть,
То увидишь речку.

ПОМОЩНИЦЫ

Мы с сестрёнкою с утра
Дружно маме помогали,
И на кухне со стола всю посуду убирали.
В стопку мы её сложили,
Чтобы в мойку отнести,
Но тарелки заскользили,
Стопку начало трясти...
Вот мы их и уронили
И нечаянно разбили.

Посмотрев на этот бой,
Мама как-то загрустила,
Покачала головой,
Руки вымыла от мыла...
Успокоили мы маму:
– Нужно ли теперь грустить?
Ну, подумаешь, – разбили,
Но зато ведь меньше мыть!
Может, просто показалось
Нам, что мама рассмеялась?

БАРРАКУДА

Помню я, мне сон приснился:
Над водой туман клубился,
Начинался новый день.
Я на лодочке каталась,
Чайка на волне качалась,
А волна качала тень.

Вдруг неведомо откуда
Появилась барракуда
И хотела чайку съесть.
Я весло тогда схватила,
Барракуду оглушила,
Быстро сбила с неё спесь.

54

Барракуда затонула,
Чайка в небеса вспорхнула,
И осталась я одна.
Лодку к берегу кормою
Не спеша несло волною,
Поднимая ил со дна.

Я проснулась не в кровати,
А на мамином халате,
Почему-то на полу.
Не весло в руках держала,
Крепко швабру я сжимала,
И фонтан журчал в углу.

Я ужасно удивилась –
Барракуда мне приснилась!
Но, наверное, неспроста:
Перед сном я вспоминала
То, что в книжках прочитала
Про заморские места.

НЕРВОВ КИПЯТИЛЬНИК

Утром зазвонил будильник,
Содрогнулась вся кровать,
Этот нервов кипятильник
Мне всегда мешает спать.

От него я отвернулся,
Рассыпался трелью он,
Даже с тумбочки нагнулся,
Чтобы мой нарушить сон.

62

Сделал вид я, что не слышу,
Хоть звенел он, как трамвай,
Унесёт, я думал, крышу
Прям куда-то за Валдай.

Под подушку я забрался –
Звон его не умолкал,
Он по-прежнему пытался
Имитировать вокзал.

Уши я закрыл руками,
Но и это не спасло,
Накрывал волной цунами
Звон меня, ну как назло.

Я залез под одеяло,
Продолжал он всё звенеть,
Наглости ему хватало
Мне вчера в глаза смотреть.

Стукнул я его подушкой,
Он звенеть не перестал,
Я пошел за колотушкой –
От трезвона я устал.

С битой в спальню я ворвался,
Он замолк, как будто крот.
Иль меня он испугался,
Иль закончился завод?

ХУДОЖНИЦА

Солнце я нарисовала,
Показалось мне, что мало.
Я добавила к нему
Облака и синеву.
На рисунок посмотрела
И решила я, что мела
Мне должно хватить вполне,
Да и места на стене
Тоже много оставалось,
Чтобы я разрисовалась.

Стала я тогда опять
Просто фантазировать.
Дом дорисовала, поле
И овечек на просторе,
В небе – радугу-дугу
И бурёнку на лугу,
Ей – улыбку до ушей,
Чтобы было веселей.

К ним добавила я речку
И забавных человечков,
И улыбки – тоже всем,
Стало весело совсем.
Хоть рисунок получился,
Папа мой не веселился.
Он когда пришёл домой,
Весь весёлый был такой
А на стенку посмотрел
И тихонечко присел.

А потом пошёл к балкону,
Говорил по телефону,
Видно, с мамой обсуждал
Мой рисунок и вздыхал.
Слышала, сказал он: – Лена,
Нам придётся красить стену.
Разве плох рисунок мой
По сравненью со стеной?

ЦВЕТНОЙ МИР

Много есть цветов на свете,
Мир поэтому цветной.
Надо постараться, дети,
Выучить цвета со мной.

Белый – это снег и иней,
Пена, что несет прибой.
Моря цвет бывает синий,
Бирюзовый, голубой.
Небо тоже голубое,
Но когда шумит гроза,
Происходит там такое,
Что чернеют небеса.

Чёрный – это уголь, сажа,
Чёрный ворон у крыльца,
Чёрною бывает пряжа,
Если чёрная овца.
Жёлтый – это одуванчик,
Солнце, сено и лимон,
Серый – это серый зайчик,
Мышка и, конечно, слон.

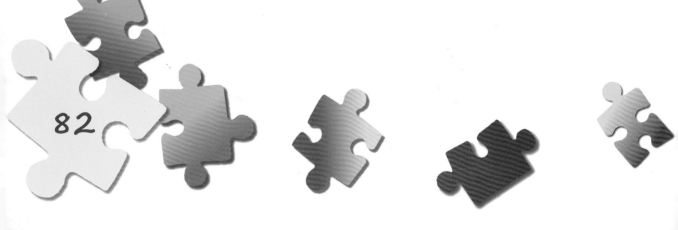

Цвет зелёный – это ёлка,
Листья дерева, трава,
А оранжевый – морковка,
Спелой тыквы голова.
Цвет малиновый – малина,
А сиреневый – сирень,
Изумрудный – хвост павлина,
А коричневый – плетень.

Красный – ягоды калины,
Красный соус, помидор,
Красною бывает глина,
Мамин соус «Матадор».
Фиолетовый цвет – слива,
В огороде баклажан,
А оливковый – олива,
Что так радует южан.

СОУС

Сколько красок у природы,
Часто смешаны они,
Как реки и моря воды,
Как кружочки конфетти.
У природы много разных
И оттенков и тонов,
Но не менее прекрасных
Основных её цветов.

Все они так редко вместе
Выставлены на показ
И в одном застать их месте
Можно, но не каждый раз.
Только в радуге найдёте
Вы палитру из цветов
Да в осеннем огороде
И на клумбе у цветов.

СПИ, ЛЮБИМАЯ МАЛЫШКА

Спи, любимая малышка,
Ночь спустилась за окном,
Птичка спит, собачка, мышка,
Спит котёнок под столом.

Спи, любимая малышка,
Спят дельфины, рыба-кит,
В зоопарке спит мартышка,
И слонёнок тоже спит.

Спи, любимая малышка,
Засыпай, уже пора,
Спит давно курносый мишка,
Бегавший с тобой с утра.

Спи, любимая малышка,
Словно пух твоя кровать,
Недочитанная книжка
Тоже будет ночью спать.

Спи, любимая малышка,
Баю-баюшки-баю,
Спит под кустиком зайчишка,
Ангелочки спят в раю.

Спи, любимая малышка,
Глазки закрывай скорей,
Спи, моя ты шалунишка,
Утро вечера мудрей.

94

УДК 82.34
ББК 84(2Рос-Рус)
6-5я70
Л93

Любимов Ю. Ю.

Л93   **МУДРЁНАЯ МОЗАИКА.** — М.: ЗАО «ОЛМА Медиа Групп», 2013. — 96 с.

ISBN 978-5-373-05057-9

ББК 84(2Рос-Рус)
6-5я70

Юрий Юрьевич Любимов

Мудрёная мозаика

СЕРИЯ «СКАЗОЧНАЯ СТРАНА»

Для дошкольного возраста

Ответственный за выпуск *Н. Ю. Памфилова*
Компьютерный дизайн и верстка *Е. Е. Посадова*
Корректор *Е. Бурлакова*

Подписано в печать 18.10.2012. Формат 84 x 108 ¹/₁₆. Гарнитура SchoolBookC.
Печать офсетная. Усл. печ. л. 10,08.
Изд. № ОП-13-1357-СС. Тираж 5000 экз.
Заказ № к1440

ЗАО «ОЛМА Медиа Групп»
129085, Москва, Звездный бульвар, д. 21, стр. 3, пом. I, ком. 5.
Почтовый адрес: 143421, Московская область,
Красногорский район, 26 км автодороги «Балтия»,
Бизнес-парк «Рига Лэнд», стр. 3
http://www.olmamedia.ru/

Отпечатано в Китае